PIRATE

Richard Platt

PIRATEN

unipart

Piraten
unipart bei area

Text: Richard Platt
Aus dem Englischen von Cornelia Panzacchi
Zeichnungen: Inklink, Florenz, Italien
Fotos: Peter Newark's American Pictures
Einbandgestaltung: Ulrike Jasser, Heinsberg

Gesamtherstellung: area verlag gmbh, Erftstadt
Printed in Italy 2007

ISBN 978-3-8361-1163-8

www.area-verlag.de

INHALT

Der Schrecken der Meere

Seit Segelschiffe in See stechen, gab es Piraten, die ihnen auflauerten und sie verfolgten. Wenn sie ein Schiff in ihren Besitz bringen konnten, plünderten die Seeräuber es und töteten die Mannschaft oder nahmen sie gefangen, um sie als Sklaven zu verkaufen.

Die Seefahrer der Antike trotzten schrecklichen Gefahren. Sie lernten, Klippen und Sandbänke zu umfahren. Sie lasen die Vorzeichen für ein Unwetter vom Aussehen der Wolken am Himmel ab. Einer Gefahr aber konnten sie nicht entkommen: den Piraten. Piraten sind Seeräuber. Schon früh in der Geschichte griffen Piraten Schiffe auf See an, um ihre Ladung zu stehlen. Wenn sie gerade keine Schiffe verfolgten und ausraubten, plünderten die Piraten Häfen, Dörfer und Städte an der Küste. Sie verschleppten die gesunden, gut aussehenden Kinder und verkauften sie in die Sklaverei. Die Piraterie begann im Mittelmeerraum, denn hier setzten die Menschen schon vor 5000 Jahren die Segel, um zu fernen Häfen zu fahren. Anfangs blieben sie noch in Sichtweite der Küste. Das machte sie zu einer leichten Beute der Seeräuber, die einfach nur in einer Bucht warteten, bis ein Schiff vorbeikam. Die Jahrhunderte vergingen und die Seeleute

▲ **Korsar:** Ein Pirat aus einem Teil der nordafrikanischen Küste, den man Barbarenküste nannte.

▲ **Assyrische Galeere:** Ein schnelles Schiff, das zusätzlich zu den Segeln auch noch Ruder hatte.

wurden verwegener. Sie lernten die Navigation, die Orientierung auf offener See. Trotzdem hielten sie sich an bekannte Routen, sodass die Piraten ihre Schiffe leicht auffinden und angreifen konnten. Seeräuber in schnellen Galeeren (Schiffen, die mit Segeln und Rudern betrieben wurden) machten zwischen 1500 und 350 v. Chr. das Ägäische Meer und das Mittelmeer unsicher und plünderten zahllose griechische Schiffe. Sogar die Römer, die gegen 75 v. Chr. den Großteil der Mittelmeerküsten erobert hatten, hatten unter Piraten aus der Gegend der heutigen Südtürkei zu leiden. Julius Cäsar, der spätere römische Feldherr, wurde von Piraten gefangen genommen und musste von seiner Familie freigekauft werden. Hoch oben im Norden machten skandinavische Seeleute im 9. Jh. n. Chr. aus dem Plündern einen Beruf. Es waren die Normannen oder Wikinger. Der letztere Name kommt von *vik*, einem alten norwegischen Wort für eine kleine Bucht.

Eine Trinkschüssel aus Athen aus dem 6. Jh. v. Chr., bemalt mit Piratenschiffen auf hoher See.

Die Bukanier von Hispaniola

Als die Europäer begannen, den Atlantischen Ozean zu überqueren, war Hispaniola eine der ersten Inseln in der Karibik, auf der sie sich niederließen (heute ist die Insel in zwei Hälften geteilt: Haiti und Dominikanische Republik). Später traten an die Stelle spanischer Siedler französische Jäger. Sie lebten von der Jagd auf wilde Schweine und Rinder. Vorbeikommende Seeleute kauften das Fleisch, das die Inselbewohner über einer Art von Grill geräuchert hatten, dem boucan. Von diesem Grill leitet sich die Bezeichnung Boucaniers oder Bukanier ab. Um 1600 entdeckten die Bukanier, dass durch das Jagen von Schiffen weitaus mehr Gewinn zu erzielen war als durch das Jagen von Tieren. Sie wurden zu den ersten Piraten der Karibik.

Boucan: ein Grill aus dem 16. Jh., dem die Bukanier ihren Namen verdanken.

Eine Piratengeschichte

*Der Käpt'n ruft: »Alle Mann an Bord!«
Die Piratenschar folgt ihm aufs Wort. Der erste Offizier ist zuerst auf dem Schiff. Der Quartiermeister, der Geschützführer und der Koch folgen. Auch der Maat und der Bootsmann melden sich zum Dienst. Sie alle werden sich Arbeit und Gefahren teilen. Und die Beute, wenn es so weit ist ...*

Die spanischen Kolonien

Für die verwegenen und skrupellosen Piraten des 16. Jahrhunderts waren die spanischen Schiffe eine lohnende Beute. Sie hatten tonnenweise Gold und Silber geladen, das die Spanier den amerikanischen Ureinwohnern gestohlen hatten.

Spanische Abenteurer erkundeten im frühen 16. Jh. als erste Europäer die amerikanische Karibikküste. Sie nahmen Amerika im Namen der spanischen Krone in Besitz. Im Binnenland entdeckten die Spanier hoch entwickelte und wohlhabende Zivilisationen: die der Azteken von Mexiko und die der Inka von Peru. Die Spanier zerstörten ihre Reiche, versklavten die Menschen und luden deren Schätze auf ihre Schiffe, um sie nach Spanien zu bringen. Doch die Kunde von der kostbaren Fracht der spanischen Schiffe verbreitete sich rasch, und die Piraten ließen nicht lange auf sich warten.

◂ **Spanische Frachtschiffe:** Die Schiffe waren so lange sicher, wie sie in großen Konvois (Verbänden) fuhren. Nachzügler und vom Kurs abgekommene Schiffe aber waren für die Piraten eine leichte Beute.

Sir Francis Drake

England und Spanien waren miteinander verfeindet. Beide griffen immer wieder die Schiffe und Städte des Gegners an. Die englische Königin Elisabeth I. unterstützte alle Seefahrer, die spanische Schiffe angriffen. Sie erteilte ihnen dazu die Erlaubnis in Form eines Kaperbriefs. Deshalb nannte man sie Kaperfahrer. Der berühmteste unter ihnen war Francis Drake (1540–1596). 1572 überfiel er die spanische Siedlung Nombre de Dios in Panama. Drake wurde verwundet, doch durch den Überfall wurde er ein reicher Mann und in England als Held gefeiert. Die Spanier aber hassten ihn wie die Pest.

Vier Tage brauchte Drakes Mannschaft 1578, um die Fracht des eroberten spanischen Schiffes *Cacafuego* umzuladen. Neben 13 Truhen voller Silbermünzen bestand die Beute aus 26 Tonnen Silberbarren, 40 Kilo Gold sowie Edelsteinen und Perlen. Drake zahlte damit in England die reichen Leute aus, die seine Expedition finanziert hatten.

Viele Seeräuber des 17. und 18. Jh. hatten dagegen keine Gläubiger und konnten die Beute unter sich aufteilen. Nur der Kapitän und einige Offiziere erhielten doppelte Anteile. Deshalb konnten auch einfache Piraten so reich werden wie heutige Lottogewinner. Wenn ein Pirat Glück hatte, konnte sein Anteil an einem einzigen Überfall 5000 englische Pfund* betragen – mehr, als er in 40 Jahren Dienst bei der Marine verdient hätte.

▲ **Piratenschätze:** Einzelne Piratenschätze konnten viele hunderttausend Euro wert sein. Doch die Piraten waren oft auch große Verschwender und gaben den erbeuteten Reichtum rasch wieder aus.

▲ **Inkagold:** Die spanischen Konquistadoren (Eroberer) schmolzen die erbeuteten Kunstgegenstände aus Gold ein, um sie leichter transportieren zu können. Die wenigen erhaltenen Stücke zeugen von der Begabung der Kunstschmiede der Inka und Azteken.

*5000 Pfund hatten damals einen Wert von etwa 375 000 heutigen Pfund, das entspricht rund 431 250 Euro.

In Vera Cruz in den spanischen Kolonien beobachtet einer der Piraten, wie ein Schiff im Hafen mit Aztekengold beladen wird. In der Dämmerung schleicht er davon und schmiedet einen kühnen Plan: Er will mit seinen Kameraden das Schiff entern, die Mannschaft fesseln, das Gold stehlen und auf und davonsegeln!

Piraterie im Aufschwung

Solange in Europa Krieg herrschte, hatten die Seeräuber genug zu tun. Und als im frühen 18. Jahrhundert der Frieden einkehrte, bot wiederum nur die Piraterie Abenteurern die Möglichkeit, ein aufregendes Leben mit reicher Beute zu führen.

1713 hatte ein Friedensvertrag einen langwierigen Krieg in Europa beendet. Viele Seeleute, die auf Kaperschiffen und bei der englischen Marine gearbeitet hatten, waren zu Piraten geworden. Etwa 1500 von ihnen machten die Karibik und die Gewässer vor der amerikanischen Küste unsicher.

Der Friedensvertrag war allerdings nicht der einzige Grund für die Zunahme der Verbrechen auf See. Ungefähr seit 1620 plünderten Bukanier in der Karibik spanische Schiffe und Siedlungen. Der tollkühnste Überfall von Bukaniern erfolgte 50 Jahre später, als der walisische Pirat Henry Morgan mit einer kleinen Armee von Bukaniern durch den Urwald Zentralamerikas zur spanischen Siedlung Panama vordrang und sie ausraubte. Hauptquartier der Bukanier war zunächst die Insel Tortuga nördlich von Hispaniola und später der Hafen Port Royal auf Jamaika. Als der Gouverneur von Jamaika verstärkt gegen die Piraten vorging, verzog sich ein Teil von ihnen auf die Bahamas und machten die Insel New Providence nördlich von Kuba zu ihrem neuen Sitz.

Andere pendelten auf der »Piratenrunde« zwischen Amerika und dem Indischen Ozean hin

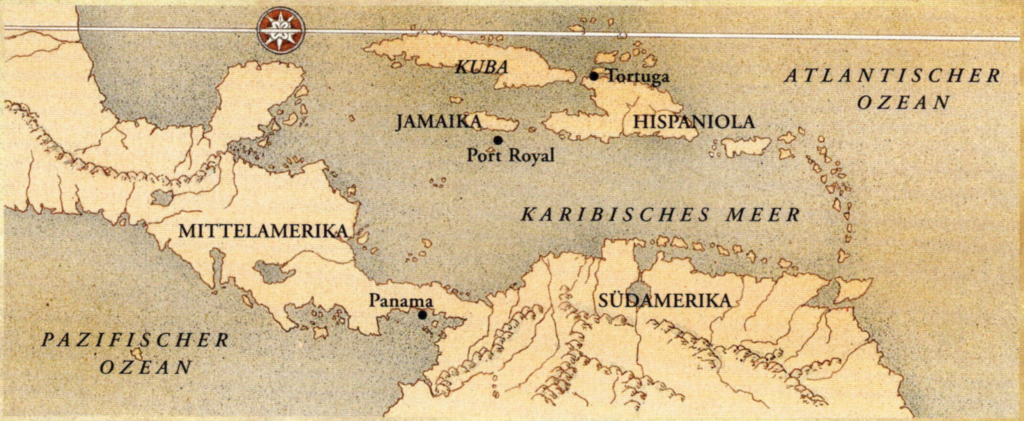

▲ **Die Karibik:** Hier wurde die Piraterie im 17. Jahrhundert zu einem sehr lohnenden Geschäft.

Der Pirat kehrt zu seinem Schiff zurück und erzählt seinen Kumpanen von dem Schatz. Ihre Augen weiten sich: Sie können das viele Gold schon deutlich vor sich sehen.

◂ **Anne Bonny** (links) und **Mary Read** (rechts) waren furchtlose Frauen, die sich als Männer verkleideten und der Piratenmannschaft von Kapitän »Calico Jack« alias John Rackham beitraten.

und her. Im Osten plünderten sie Schiffe mit indischen Waren. Ihre Beute verkauften sie an die Siedler der englischen Kolonien an der amerikanischen Ostküste.

Ungefähr 30 Jahre lang ging es den Piraten sehr gut, weil aufständische Siedler und bestechliche Beamte sie direkt oder indirekt unterstützten.

In diesem »Goldenen Zeitalter der Piraterie« erlangten einige Piratenkapitäne große Berühmtheit. Billige Heftchen und Flugblätter erzählten von ihren Taten. Wurden sie gefangen und verurteilt, strömten die Menschen zur Hinrichtung nur so herbei. Nach ihrem Tod wurden sie nur noch beliebter, weil man ihre Grausamkeit vergaß und sich nur noch an ihren Mut und ihre Freiheitsliebe erinnerte.

Berühmte Piraten des Goldenen Zeitalters

Die Karrieren einiger der bekanntesten Piraten begannen – und endeten – im frühen 18. Jh. Der 1718 gestorbene Blackbeard wurde wegen seiner Grausamkeit und seines Angst erregenden Äußeren berühmt, war aber als Pirat wenig erfolgreich. Der englische Pirat Henry Avery (1655 bis ca. 1728) dagegen erwarb einen fantastischen Gold- und Silberschatz, als er 1695 das Schiff Ganj-i-Sawai *des indischen Großmoguls kaperte. Der schottisch-amerikanische Kapitän William Kidd (1645–1701) stach in New York in See, um Avery zu fangen, wurde aber selbst zum Piraten.*

▸ **Blackbeard** hieß mit richtigem Namen Edward Teach. Auch als seine Lage aussichtslos wurde, ergab er sich nicht: Fünf Schüsse und zwanzig Schwerthiebe waren nötig, um ihn zu töten.

Sie hören gut zu, während ihr Kumpan ihnen erklärt, wie sie die Galeone auf See überfallen und die ahnungslose Mannschaft überwältigen werden. Sie stimmen ab und alle sind dafür, den Überfall durchzuführen.

Die Piratenschiffe

Eine flinke Piratenschaluppe verfolgt ein schwer beladenes Frachtschiff. Der Sieger dieses Rennens steht von vornherein fest, denn die Piratenschiffe zählten zu den schnellsten ihrer Zeit.

Welche Eigenschaften zeichneten ein gutes Piratenschiff aus? Schnelligkeit war am allerwichtigsten. Große Schiffe mit vielen Segeln waren grundsätzlich schneller als kleine Schiffe mit einer geringeren Segelzahl, und lange, schmale Rümpfe waren schneller als kurze, breite.

Wenn Piraten ein Schiff auswählten, mussten sie auch wissen, wie nah es am Wind segeln konnte, d. h. wie weit der Steuermann es in den Wind hineinlenken konnte, ohne dass das Schiff stehen blieb. Schiffe mit viereckigen Segeln mussten den Wind hinter sich haben, um die Wellen schneiden zu können, doch Schiffe, deren Segel von vorne nach hinten (längsschiffs) angeordnet waren, waren anpassungsfähiger und fuhren sehr schnell, wenn der Wind von der Seite kam.

Im Vorteil waren auch Schiffe mit geringem Tiefgang. Unter Tiefgang versteht man den Teil des Rumpfes, der sich unter Wasser befindet. Ein Schiff mit geringem Tiefgang kann gefahrlos in seichtem Wasser fahren. Dies war für Piraten wichtig, die sich in flachen Buchten verstecken wollten. Wenn sie von einem Schiff mit größerem Tiefgang gejagt wurden, segelten sie einfach über eine Sandbank oder ein Riff, sodass ihr Verfolger auf Grund lief.

Die Piraten des 17. und 18. Jh., die in der Karibik und vor der amerikanischen Küste kreuzten, bevorzugten besonders zwei Schiffstypen. Die auf den Bermudas oder auf Jamaika gebauten Schaluppen waren klein und hatten meist nur einen Mast. Die meisten Segel waren längsschiffs

▲ **Schoner:** schnelle Schiffe, die nur eine kleine Mannschaft brauchten.

▲ **Schaluppe:** Das große Segel über dem langen Bugspriet verlieh ihr zusätzliche Geschwindigkeit.

In einer geheimen, sicheren Bucht setzen die Halunken ihr Schiff auf den Strand. Sie reinigen den Rumpf von Muscheln und Tang, bringen alles auf Vordermann und halten Ausschau nach der kostbaren Fracht.

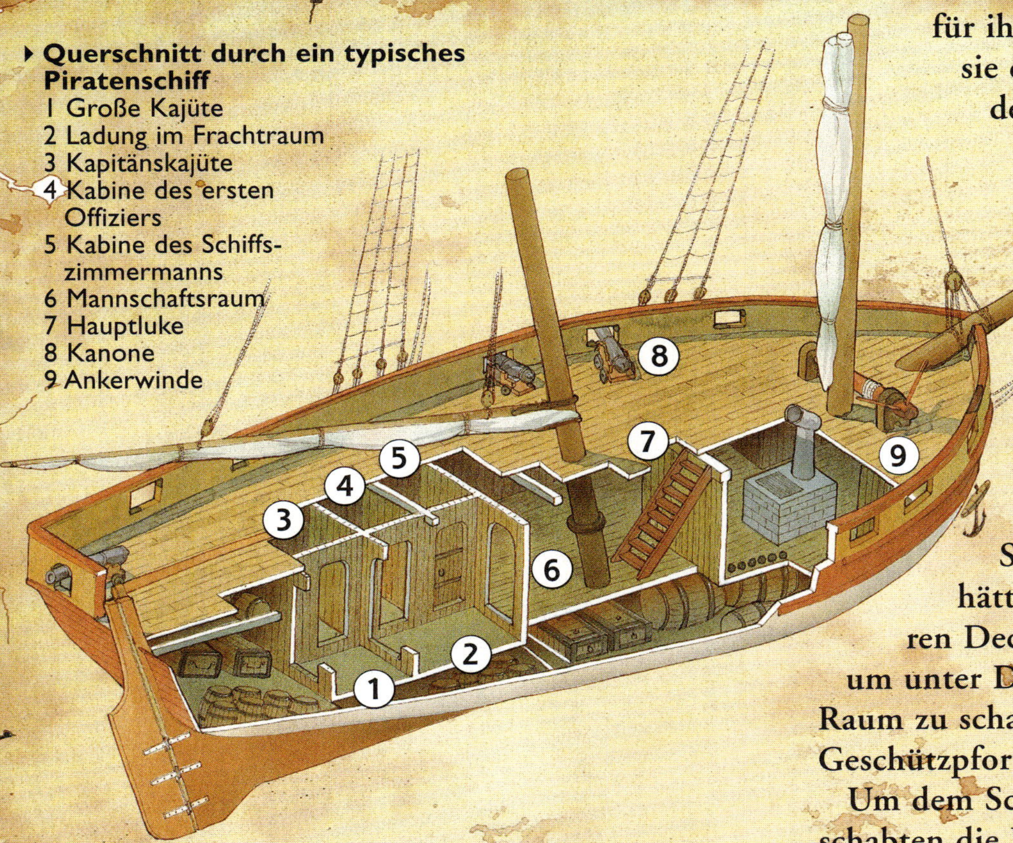

▸ **Querschnitt durch ein typisches Piratenschiff**
1 Große Kajüte
2 Ladung im Frachtraum
3 Kapitänskajüte
4 Kabine des ersten Offiziers
5 Kabine des Schiffszimmermanns
6 Mannschaftsraum
7 Hauptluke
8 Kanone
9 Ankerwinde

gesetzt, und ein oder zwei Rahsegel (viereckige Segel) gaben dem Schiff bei leichtem Wind zusätzlichen Schub. Auch der Schoner war längsschiffs besegelt, hatte aber zwei Masten statt einem.

Wenn Piraten ein Schiff erbeuteten, das besser als ihres war, übernahmen sie es und bauten es für ihre Zwecke um. Mitunter änderten sie die Beseglung, d.h. die Anordnung der Masten, Segel und Rahen (die Stangen, an denen die Segel hängen). Sie ersetzten vielleicht einige Rahsegel durch Schratsegel (für Besegelung längsschiffs) und verlängerten den Bugspriet (den segeltragenden Spieß vorne am Bug).

Gewöhnlich bauten sie auch zusätzliche Geschütze ein. Da Kanonen auf dem Oberdeck die Stabilität eines Schiffes beeinträchtigt hätten, stellten die Piraten sie im unteren Deck auf. Sie entfernten Trennwände, um unter Deck einen einzigen durchgehenden Raum zu schaffen. Für die Kanonen schnitten sie Geschützpforten in die Seiten des Schiffsrumpfs.

Um dem Schiff die Schnelligkeit zu erhalten, schabten die Piraten den Rumpf regelmäßig ab und befreiten ihn von Tang und anhaftenden Muscheln. Dazu brauchten sie eine Bucht oder einen Strand mit Sand oder Kies. Ein dort bei Flut vor Anker liegendes Schiff stand bei Ebbe buchstäblich auf dem Trockenen. Bis die nächste Flut kam, hatte die Mannschaft Zeit, den Rumpf zu reinigen und zu reparieren.

Sie ziehen neue Segel auf, damit ihr Schiff so schnell wird wie der Wind, und rüsten das Unterdeck mit Kanonen aus. Nun sind sie zum Kampf auf Leben und Tod bereit und warten voller Ungeduld auf ihre Beute.

Seeräuberwaffen

Wenn die Piraten an Bord eines Schiffes stürmten, waren sie mit Pistolen, Schwertern, Dolchen und Äxten ausgerüstet. Sie erwarteten keine Gnade und schonten auch nicht das Leben der Seeleute, die sich ergaben.

Die wenigsten Piratenmannschaften waren dazu ausgebildet, ihre Schiffskanonen wirksam einzusetzen. Stattdessen verließen sie sich lieber auf Handwaffen. Sie enterten die Schiffe und stürzten sich in den Nahkampf mit der Besatzung. Jeder Pirat hatte mehrere Pistolen dabei, denn diese mussten jeweils nach einem Schuss nachgeladen werden. Wenn die Zeit dafür nicht reichte, ließen die Piraten die Pistole einfach fallen oder setzten ihren Griff als Keule ein. Die Piratenartikel (siehe S. 18–19) verlangten, dass jeder seine Waffen stets sauber und einsatzbereit hielt.

▲ **Steinschlosspistole:** Diese Waffe war sehr unzuverlässig. Wenn das Pulver in der Seeluft feucht geworden war, zischte es nur.

▲ **Dolch:** Leicht in einer Tasche oder im Gürtel unterzubringen.

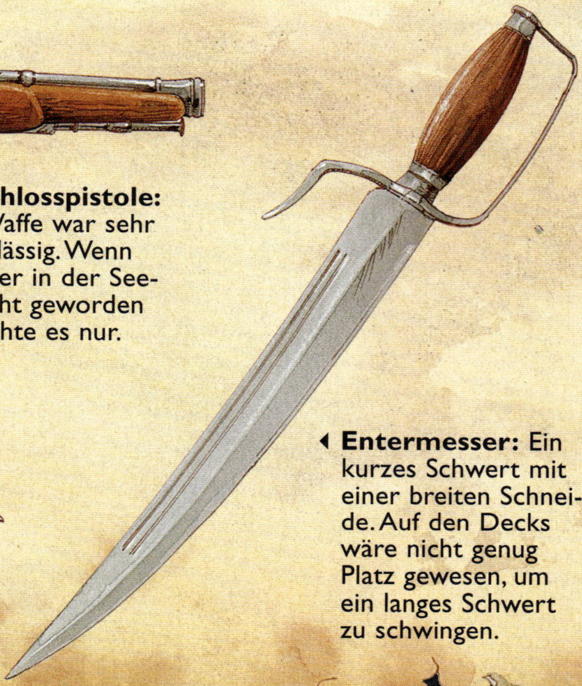

◀ **Entermesser:** Ein kurzes Schwert mit einer breiten Schneide. Auf den Decks wäre nicht genug Platz gewesen, um ein langes Schwert zu schwingen.

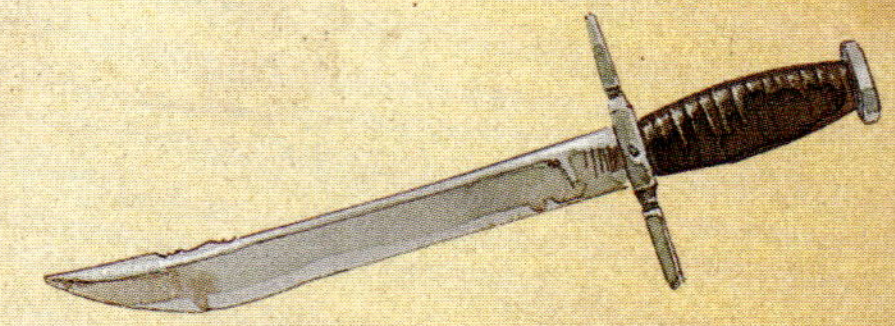

▲ **Lange Messer:** Sie dienten nicht nur als Waffen, sondern wurden auch für friedliche Zwecke verwandt.

◀ **Enterbeil:** Damit schnitten die Piraten die Taue durch, sodass Segel und Rahen auf das Deck hinunterkrachten.

Eine Kanone schoss eine schwere Kanonenkugel bis zu 1,5 km weit. Dennoch waren Schüsse über kurze Reichweiten wirkungsvoller, sodass die Piraten warteten, bis sie nah am feindlichen Schiff waren und möglichst längsseits zu ihm standen.

Eine Kanone abzufeuern, war schon an Land nicht leicht. Auf dem schaukelnden Deck eines Piratenschiffs war es noch viel schwieriger. Eine Kanone wog so viel wie eines unserer Autos, und fünf oder mehr Männer waren nötig, um sie mithilfe von Seilen und Hebeln zu bewegen. Beim Putzen und Laden der Kanone gaben die Piraten außerdem ein leicht zu treffendes Ziel ab. Außerdem bestand stets Gefahr, dass ein Funke das Pulver entzündete, bevor die Kanone geladen war, und das eigene Schiff in die Luft jagte. Henry Morgans Schiff wurde 1669 zerstört, als die gesamte Pulverladung durch eine einzige Kanone in Brand gesetzt wurde.

▲ **Schießkünste:** Das Abfeuern einer Kanone dauerte nur eine Sekunde. Das Nachladen aber nahm mindestens sechs Leute in Anspruch und war noch dazu gefährlich. Kein Wunder, dass sich die Piraten meist mit wenigen Schüssen begnügten.

Eigentlicher Zweck der Kanonenschüsse war nicht, das Schiff zu versenken, das man ja ausrauben wollte, sondern dessen Besatzung einzuschüchtern. Wenn sich diese nicht davon beeindrucken ließ, wurden Ketten abgeschossen, die die Segel herunterrissen, sowie Kartätschen (Geschosse voller Metallkugeln), um die Leute an Bord zu töten.

Henry Avery war Meister in der Kunst, andere Schiffe mithilfe von Kanonen einzunehmen. Er ließ auf die Segel und Masten schießen, um die Schiffe manövrierunfähig zu machen. Seinen berühmtesten Sieg über die Flotte des Großmoguls im Jahre 1605 errang er durch den geschickten Einsatz von über 60 Kanonen.

Das Laden und Abfeuern der Kanonen war nicht immer Aufgabe alter Seebären. Mit nur sieben oder acht Jahren galten Jungen als alt genug, um Schießpulverladungen aus dem Magazin zu holen (einem besonders geschützten Lagerraum) und zu den Kanonen zu bringen.

An Bord ihres Schiffes Flotte Jenny *ermahnt der Käpt'n seine Männer: »Schont keines Mannes Leben, wenn wir entern; seid gewiss, dass sie euch auch nicht schonen werden.«*
Die Piraten wetzen ihre Messer und Schwerter und laden jede Pistole mit Pulver und Blei.
Nun sind sie bewaffnet und zum Angriff auf das goldbeladene Schiff bereit. Wo aber bleibt es nur?

Der Angriff

Wie in Seeräuberromanen beschrieben, waren die Piratenangriffe schrecklich, wenn auch vielleicht nicht ganz so blutrünstig, wie die Leute es sich später gerne weitererzählten.

Piraten verstanden es, ihren Opfern Angst zu machen: Sie bemühten sich, möglichst wild und gefährlich auszusehen. Sie versammelten sich an Deck und schrien furchtbare Flüche herüber, feuerten Pistolen ab und schleuderten Rauchbomben. Häufig waren die Piraten ohnehin in der Überzahl, da die Piratenmannschaften sechs oder sieben Mal so groß wie die Mannschaft eines gewöhnlichen Handelsschiffs waren.

Mitunter glückte ein Überraschungsangriff. Vor Anker liegende Schiffe waren nachts leicht einzunehmen. Die Piraten ruderten leise zum Schiff ihrer Opfer und brachten es in ihre Gewalt, während der Großteil der Besatzung noch schlief. Gelegentlich genügten auch schon Drohungen.

▲ **Die Totenkopfflagge** war das Kennzeichen aller Piraten, doch jeder Kapitän gestaltete seine Flagge ein wenig anders.

Der normale Seefahrer führte kein leichtes Leben. Manche Seeleute waren sogar froh über einen Angriff von Piraten, da sie hofften, sich ihnen anschließen zu können. Der englische Schriftsteller Samuel Johnson verglich das Leben an Bord mit dem Leben im Gefängnis, mit dem Unterschied, dass man im Gefängnis mehr Platz, besseres Essen und bessere Gesellschaft habe.

Ein beliebter Piratentrick bestand darin, das eigene Schiff wie ein harmloses Handelsschiff aussehen zu lassen. Wurde ein fremdes Schiff gesichtet, so versteckten sich die meisten Seeräuber unter Deck. Die anderen näherten sich dem nichts ahnenden Schiff unter irgendeinem Vorwand. Sobald die Segel der beiden Schiffe einander berührten, hissten die übrigen Piraten die Totenkopfflagge und stürmten aus ihren Verstecken.

Die Totenkopfflagge

Auf Englisch nennt man die Flagge der Piraten »Jolly Roger«, fröhlicher Roger. Es könnte vom Französischen »joli rouge«, hübsches Rot, abgeleitet sein. Die Flagge war eine Aufforderung an die Mannschaft des angegriffenen Schiffs, sich kampflos zu ergeben. Kamen sie dieser Aufforderung nicht nach, so hissten die Piraten eine rote Flagge, die bedeutete, dass sie jeden gnadenlos töten würden. In Piratengeschichten zeigt die Totenkopfflagge immer einen Totenkopf und gekreuzte Knochen und die Flagge von Kapitän Henry Avery sah tatsächlich so aus. Doch es gab auch viele andere Motive. Beliebte Symbole waren außer Schädeln, Knochen und Skeletten auch Schwerter und Blut.

John Rackham

Thomas Tew

Henry Avery

Bartholomew Roberts

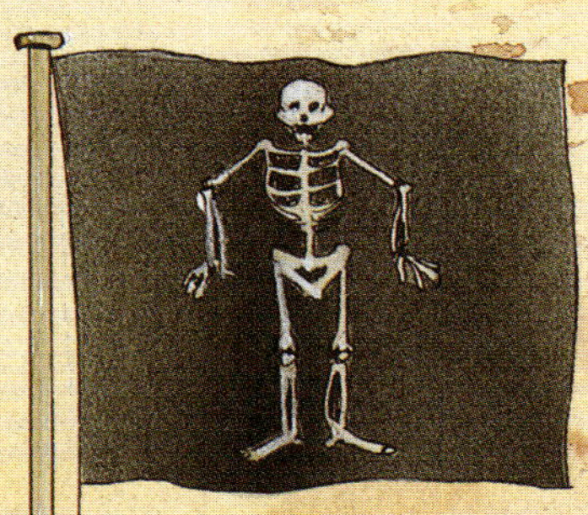

Edward Low

Edward England

Als die Sonne den Nebel vertreibt, erblicken die Piraten das begehrte Schiff. Sie tun so, als hätten sie sich mit ihrem Schiff in der Nacht und im Nebel verirrt, und als seien sie erschöpft und matt. Die Spanier gehen ihnen ganz ahnungslos auf den Leim. Die Kanonen donnern, die Entermesser blitzen auf, und bald darauf haben die Piraten das fremde Schiff erobert.

Das Teilen der Beute

»Elfhundert Unzen Gold, 2353 Unzen Silber … Rubine, klein und groß, siebenundsechzig an der Zahl; vier große Diamanten, in Medaillons gefasst, und ein großer Diamant an einem goldenen Ring; verschiedene Edelsteine, Ringe, Kristalle, Amethyste, Goldbarren und Goldstaub.«

Dies war nur ein Teil des Schatzes, den Kapitän Kidd zum Zeitpunkt seiner Festnahme 1699 angesammelt hatte. Sein Reichtum hatte ihm den Schlaf geraubt – nicht zuletzt, weil er seine Matratze mit Goldbarren gefüllt hatte. Kidd war nicht der erfolgreichste Pirat, aber er war gieriger als die meisten. Er behielt von der Beute mehr, als ihm zustand: Sein Anteil war zwanzigmal größer als der seiner Männer. Die Mannschaften anderer Seeräuberkapitäne dagegen achteten darauf, dass die Teilung gemäß den Piratenartikeln vor sich ging.

Dies waren Regeln für das Leben an Bord der Piratenschiffe. Vor Antritt der Reise unterzeichneten die Mannschaftsmitglieder, die schreiben konnten, die Artikel mit ihrem Namen; alle anderen machten ein Kreuz darunter.

Die Artikel von Bartholomew Roberts waren denen anderer Kapitäne sehr ähnlich. Artikel X legte fest, dass Black Bart, wie er genannt wurde, je zwei Anteile der Beute erhielt. Sein Steuermann bekam das Gleiche. Erstem Offizier, Bootsmann und Geschützführer standen je anderthalb Anteile zu, den anderen Offizieren je eineinviertel, den einfachen Männern je ein Anteil. Jungen, die zur Mannschaft gehörten, stand ein halber Anteil oder

▾ **Wertvolle Kleinbeute:** Schmuck und Münzen waren den Piraten eine willkommene Beute, weil sie leicht zu transportieren waren.

weniger zu, aber selbst das konnte ein kleines Vermögen darstellen. Als Henry Avery und seine Mannschaft 1695 das indische Schiff *Ganj-i-Sawai* enterten, erhielt jeder Junge im Alter zwischen 16 und 18 Jahren 500 englische Pfund (entsprach etwa 43 125 Euro). Jüngere Jungen bekamen ungefähr 100 Pfund – so viel, wie damals ein Handwerker in vier Jahren verdiente.

▲ **Wie gewonnen, so zerronnen:** Beim Karten- und Würfelspiel war ein Piratenvermögen schnell verprasst.

Bevor die Beute aufgeteilt wurde, erhielten alle, die im Kampf verwundet worden waren, eine Sonderzahlung. Bei Black Bart bekam ein Mann, der ein Bein oder einen Arm verloren hatte, 800 Pfund. Für weniger schwere Verletzungen fiel diese Extrazahlung entsprechend geringer aus.

Bestand die Beute aus Münzen, so war das Teilen einfach. Meistens aber gestaltete es sich wesentlich schwieriger. Als Piraten z. B. im Jahre 1721 ein Schiff in ihre Gewalt brachten, das Diamanten an Bord gehabt hatte, erhielten die meisten Mannschaftsmitglieder je 42 dieser Steine. Einige Diamanten waren allerdings größer als andere. Ein Pirat, der einen großen Diamanten von enorm hohem Wert erhalten hatte, war enttäuscht, weil er nur einen Stein bekommen hatte, und zerschlug die Kostbarkeit, sodass ihm nur wertlose Splitter blieben.

▲ **Inka-Statuette:** Die Spanier erbeuteten in Amerika ungeheure Mengen von Gold. Wenn die Piraten ihr Geld verloren hatten, plünderten sie einfach wieder ein Schiff.

Was taten die Piraten nun mit ihrem Anteil? Die wenigsten sparten. Die meisten gaben ihr Vermögen rasch für Alkohol und andere Annehmlichkeiten aus. Viele wurden um ihren Anteil betrogen, vor allem, wenn er aus Waren bestand, die sie erst einmal verkaufen mussten, wie z. B. Ballen kostbarer Seide. Der größte Teil des Piratenvermögens aber wechselte beim Glücksspiel den Besitzer. In nur drei Wochen verlor die Mannschaft des französischen Piraten L'Ollonais 260 000 Münzen, die man »Stücke von Achten« nannte. Dies war eine ungeheure Menge Geld – zu einer Zeit, in der man mit zwei dieser Münzen eine Kuh hätte kaufen können.

Schon bald haben die Piraten die riesigen Kisten mit Gold, Edelsteinen und Seide gefunden. Der Käpt'n bestimmt, welcher Anteil jeder von der Mannschaft bekommt. Die Beute wird gerecht verteilt, jeder Pirat wird dabei reich. Die kostbare Seide aber zerreißen die Männer und knüpfen sich bunte Kopftücher daraus, wie für einen Maskenball.

Ein furchtbares Los

Das Goldene Zeitalter der Piraterie war für die Menschen, die den Piraten in die Hände fielen, weniger golden. Die Piraten waren oft grausam und die schlimmsten unter ihnen folterten und ermordeten ihre Opfer.

Die große Zeit der Piraten war eine grausame Zeit. An Land wurden alle Diebe aufgehängt. Auf See ließen brutale Kapitäne jeden auspeitschen und foltern, der ihre Befehle nicht befolgte. Es überrascht nicht, dass die Piraten sehr gewalttätig waren, um das zu bekommen, was sie haben wollten – oder um sich zu rächen.

In Piratengeschichten muss früher oder später immer mindestens eine Person »über die Planken gehen«. Dazu musste der unglückliche Mensch mit verbundenen Augen und gefesselten Händen eine über die Schiffswand gelegte Planke entlang gehen. Mit gefesselten Händen auf hoher See ins Wasser zu springen bedeutete natürlich den sicheren Tod. Allerdings gibt es keinerlei Beweise dafür, dass die Piraten des 17. und 18. Jh. tatsächlich auf diese Weise Menschen töteten. Vielleicht war es nur ein Märchen oder ging auf alte Geschichten über türkische Piraten zurück, die ihre Gefangenen scheinbar freiließen und ihnen erklärten, sie könnten nun nach Hause gehen … quer über das Meer.

Dafür fanden viele andere Grausamkeiten statt. Folter bot den Piraten die Möglichkeit, schnell alles Wissenswerte über das erbeutete Schiff zu erfahren. Oft genügte allein schon die Drohung, und die Besiegten zeigten den Seeräubern, wo die kostbarste Ladung versteckt war. Manche Piraten waren besonders

▲ **Piratenmärchen:** In Wirklichkeit ließen nur wenige Seeräuber ihre Gefangenen über die Planken gehen. Allerdings warfen sie etliche ins Meer.

Die spanischen Offiziere sind nun Gefangene auf ihrem eigenen Schiff. Sie fühlen sich entsetzlich gedemütigt und lassen alle die Köpfe hängen. Die Piraten fesseln sie mit Tauen, haben aber beschlossen, das Leben der Spanier zu schonen. Sie werden sie auf einer einsamen Insel aussetzen. Dort müssen die Unglücklichen warten, bis ein Schiff vorbeikommt, das sie rettet.

grausam, wie z. B. Edward Low, der 1722 einen Wutanfall bekam, als ein portugiesischer Kapitän eine Tasche voller Geld ins Wasser fallen ließ, anstatt sie zu übergeben. Low befahl, dass der Kapitän mitsamt seiner Mannschaft getötet und alle davor gefoltert werden sollten. Der französische Bukanier François L'Ollonais ließ 1667, nach einem Überfall an der karibischen Küste, die Gefangenen foltern, damit sie ihm einen sicheren Fluchtweg verrieten.

Nur wenige Kapitäne waren so grausam wie Low und L'Ollonais, doch das Misshandeln von Gefangenen gehörte sozusagen zum Piratenalltag, und je betrunkener die Piraten waren, desto reizbarer waren sie natürlich auch.

Die meisten Schiffe hatten große Vorräte von Rum, Branntwein und anderen starken alkoholischen Getränken an Bord, und die Piraten betranken sich bei jeder sich bietenden Gelegenheit.

Teilweise taten sie es, um nicht über ihr Piratenleben nachdenken zu müssen, denn im Grunde waren sie als Piraten in einer verzweifelten Lage und ständig von furchtbaren Strafen bedroht. Zu den milderen Strafen gehörte noch das Aussetzen auf unbewohnten Inseln. Die Ausgesetzten durften einen kleinen Vorrat an Trinkwasser und Lebensmitteln mitnehmen sowie eine Feuerwaffe und etwas Munition. Waren diese Rationen aufgebraucht, so mussten sie sich alleine weiterhelfen.

Dem Tod überlassen: Das Aussetzen von Gefangenen auf einsamen Inseln war an der Tagesordnung. Auch Piraten, die ihre Kameraden bestohlen hatten, wurden auf diese Weise bestraft.

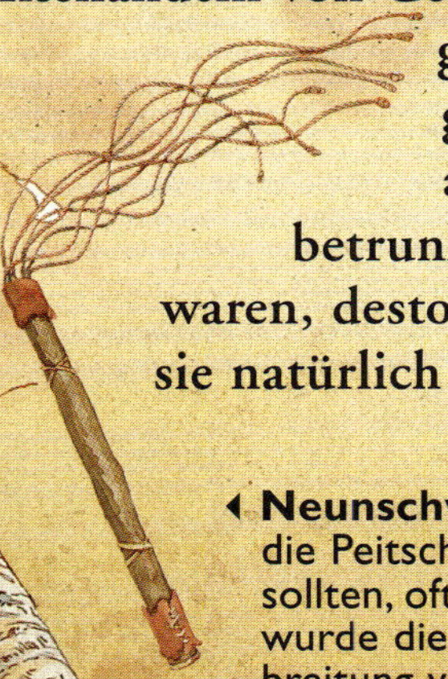

Neunschwänzige Katze: Die Opfer mussten die Peitsche, mit der sie geschlagen werden sollten, oft selbst herstellen. Nach Gebrauch wurde die Peitsche weggeworfen, um die Ausbreitung von Infektionen zu vermeiden.

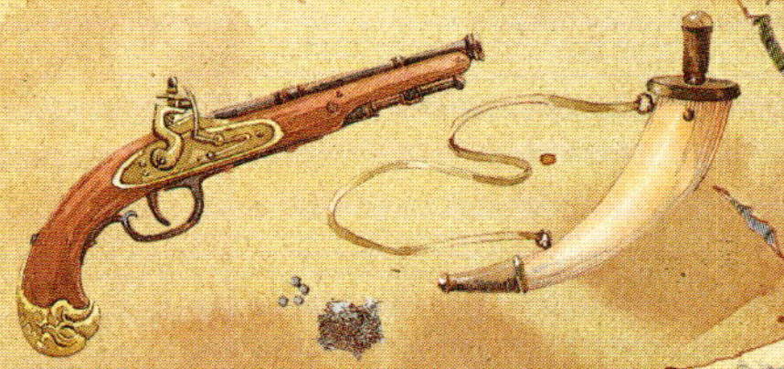

Notausrüstung: Die Ausgesetzten bekamen ein bisschen Schießpulver – vermutlich in einem Behälter aus Horn – und eine Pistole oder eine Muskete.

Kurs auf die Heimat

Ohne präzise Seekarten und nur mithilfe einfachster Instrumente befuhren die Piraten die Weltmeere auf der Suche nach Abenteuern und Reichtum. Wie gelang es ihnen, auf hoher See den richtigen Kurs einzuhalten?

Wer schon einmal versucht hat, mithilfe einer Karte an einen fremden Ort zu gelangen, weiß, dass es gar nicht so leicht ist, auf dem Land den richtigen Weg einzuschlagen. Auf dem Meer ist es noch viel schwieriger. Weil die Erdoberfläche gekrümmt ist, scheinen entfernte Objekte in den Wellenkämmen zu versinken, wenn man sie hinter sich lässt. Sobald ein Schiff einige Stunden lang aufs Meer hinausgefahren ist, ist das Land nicht mehr zu sehen.

Die Piraten orientierten sich auf dem Meer auf die gleiche Weise wie die anderen Seefahrer ihrer Zeit: mithilfe einfacher Instrumente und viel Erfahrung.

Der Kapitän war für die Navigation zuständig. Sein wichtigstes Instrument war der Kompass. Eine Kompassnadel zeigt immer nach Norden, und Markierungen am Gehäuse des Kompasses helfen, die Richtung zu bestimmen, in die das Schiff fährt.

▲ **Krähennest:** Von der Plattform oder einem Korb hoch oben am Mast konnte der Ausguck Land viel früher als von Deck aus sichten.

Die Position eines Schiffes zu bestimmen war schon schwieriger. Wenn die Sonne schien, konnte man ihrer Höhe am Mittag ablesen, wie weit das Schiff nach Norden oder Süden gesegelt war. Dabei half der Quadrant, der ermöglichte, die Breite – die Entfernung vom Äquator – auszurechnen, auf der man sich gerade befand.

Die Berechnung der in östlicher oder westlicher Richtung zurückgelegten Strecke war wesentlich schwieriger. Dazu wurde als Erstes mit einem Log die Fahrgeschwindigkeit gemessen. Das Log war ein Holzscheit an einer Schnur, in die in bestimmten Abständen Knoten geknüpft worden waren und die sich von einer Rolle abspulte, die der Navigator festhielt. Wenn er gezählt hatte, wie viele Knoten in einer halben Minuten durch seine Finger geglitten waren, wusste er, wie schnell das Schiff fuhr. Um zu erfahren, welche Strecke das Schiff

zurückgelegt hatte, multiplizierte er diesen Wert mit der Anzahl der Fahrtstunden. Wenn ein Kompass, ein Quadrant und ein Log an Bord waren – und ein erfahrener Navigator –, konnte ein Piratenschiff überallhin segeln. Der Bukanier William Dampier war einer der besten Navigatoren. Er umsegelte die Welt, und das Buch, das er über seine Reise schrieb, wurde 1697 zu einem Bestseller.

Doch nicht alle Piraten fanden sich auf dem Meer so gut zurecht. Ungefähr 20 Jahre nach Dampiers berühmter Reise erlitt der englische Pirat William Kennedy an der schottischen Küste Schiffbruch. Er hatte zu spät entdeckt, dass niemand an Bord seines Schiffes *Rover* auch nur die leiseste Ahnung vom Gebrauch der Navigationsinstrumente hatte.

Zu Beginn des 18. Jh. gab es vom Großteil der europäischen Küsten Karten. In der Karibik aber standen den Piraten kaum Karten zur Verfügung, es sei denn, sie fanden zufällig eine auf einem erbeuteten Schiff. Stattdessen behalfen sie sich mit Segelanleitungen, die man Lotsenbücher oder Portulane nannte. Die Navigatoren schätzten diese Bücher sehr und ergänzten sie, indem sie sichere Routen eintrugen und den Küstenverlauf in der Nähe von Häfen skizzierten.

▴ **Vom Kurs abgekommen:** Fantasievolle Schatzkarten wie diese hätten Piraten nicht vor einem Schiffbruch bewahren können! Auf guten Seekarten waren seichte Stellen, Riffe und sichere Ankerplätze verzeichnet.

Nun soll es für die Piraten zurück in die Heimat gehen, doch die Männer können sich auf keinen Kurs einigen. »Nord-Nordwest«, sagt der Kapitän. »Lenk nach Steuerbord«, sagt der Maat. Der erste Offizier schenkt diesen Anweisungen jedoch kein Gehör, denn navigieren kann nur er. Inzwischen ist es Nacht geworden und nur wenige Sterne stehen am Himmel. Die meisten Piraten sind in ihren Kajüten schlafen gegangen.

Mühen und Gefahren

Das Leben eines Piraten des 18. Jahrhunderts ähnelte in vielerlei Hinsicht dem Leben eines ehrbaren Seemanns dieser Zeit. Beide mussten sich mit karger Nahrung begnügen und waren vom Ertrinken, von Verletzungen und Krankheiten bedroht.

Verglichen mit anderen Seeleuten hatten Piraten sogar ein angenehmeres Leben. Ihre Mannschaften waren immer größer, sodass die Arbeit unter mehr Männern aufgeteilt werden konnte. Sie hatten die Möglichkeit, sehr schnell sehr reich zu werden. Und sie wurden für ihre Vergehen an Bord nicht so schwer bestraft wie Matrosen der Marine oder der Handelsflotte. In vielem aber waren Piraten und ehrliche Matrosen den gleichen Mühen und Gefahren ausgesetzt.

Das Leben auf einem Segelschiff war immer gefährlich. Selbst bei gutem Wetter war die Verletzungsgefahr groß. Um die Segel zu bedienen, mussten sie die Masten erklimmen. Nur wenige überlebten einen Sturz aufs Deck. Piraten, die von einem Nock (dem Ende einer Rah) ins Meer fielen, überlebten ebenfalls nur selten. Selbst wenn ihre Kameraden den Sturz gesehen hatten, konnten sie nicht viel tun, denn Segelschiffe haben keine Bremsen. Bevor man noch »Mann über Bord!« gerufen hatte, war das Schiff schon ein ganzes Stück weiter gefahren. Eine Suche mit dem Beiboot verlief meist erfolglos, da die Wellen die Sicht auf den Kopf des Ertrinkenden versperrten.

▲ **Proviant kaufen:** Das Fahren zur See und auch die Landgänge stellten Mannschaft und Offiziere vor vielfältige Aufgaben. Das Besorgen und Verladen der Nahrungs- und Wasservorräte, die für Monate reichen mussten, gehörte zu den anstrengenderen Aufgaben.

Bei Unwetter war das Leben auf See natürlich noch gefährlicher. Deshalb versuchten die Seeleute, Stürmen und Gewittern möglichst aus dem Weg zu gehen. In Jahreszeiten mit häufigen Unwettern stachen sie nicht in See. Außerdem kannten sie die Wolkenformationen, die Gewitter verkündeten. Trotzdem konnten sie natürlich auf hoher See in ein Unwetter geraten. Dann blieb ihnen nichts anderes übrig, als das Schiff mit dem Bug gegen den Wind zu stellen und zu warten, bis der Sturm sich legte.

◂ **Stürmische See:** Selbst ein kleiner Sturm konnte einem Schiff schwere Schäden zufügen. Oft strandete es auf einem einsamen Strand und musste von der Mannschaft, so gut es ging, zusammengeflickt werden.

Krankheiten befielen die Piraten ebenso wie alle anderen Seefahrer. 1697 starben 30 Männer aus der Mannschaft von Kapitän Kidd in der kurzen Zeit, die nötig gewesen war, um das Schiff zu überholen. Als ein englisches Marinegeschwader dreißig Jahre später die Karibik aufsuchte, um Piraten zu jagen, starben innerhalb von zwei Jahren 4000 Seeleute an Krankheiten. Nur 750 überlebten.

Das Leben auf See hielt noch zahlreiche weitere Unannehmlichkeiten bereit. Es war für die Seeleute nicht leicht, sich selbst und die eigene Wäsche zu waschen. Deshalb tauschten die Piraten, wenn sie ein Schiff überfallen hatten, oft die eigenen stinkenden Lumpen gegen die Kleidung ihrer Opfer ein. Wenn die frischen Lebensmittel ausgegangen waren, lebten die Männer überwiegend von gepökeltem Fleisch, getrockneten Erbsen und Bohnen, Käse und Schiffszwieback, der häufig von Maden befallen war. Deshalb gingen Piraten an Land sofort auf die Jagd, um frisches Fleisch zu erbeuten.

Schildkrötenfleisch war besonders beliebt.

Auf langen Fahrten vertrieben sich die Piraten die Zeit mit Glücksspielen, indem sie sich betranken oder indem sie sich vorstellten, wie sie ihren Anteil an der nächsten Beute ausgeben würden.

Plötzlich wird der Himmel schwarz: Ein Sturm zieht auf. Die Sterne weisen nun nicht mehr den Weg. Der Mast zerbricht und das Piratenschiff wird zu einem Spielball der Wellen. Doch das Klatschen der Wellen zeigt an, dass ein Riff in der Nähe ist. An einem fernen Strand angespült, sind die Männer dem nassen Grab entronnen. Zwar ist ihr Schiff auf Grund gelaufen, doch konnten sie wenigstens ihren Schatz retten.

SCHATZINSELN

Eine einsame Insel und eine alte fleckige Karte, auf der eine Stelle mit einem Kreuz gekennzeichnet ist. Gibt es so etwas nur in Geschichten oder vergruben die Piraten ihre Schätze tatsächlich?

Wenn sie sich nach einem Schiffsunglück auf einem unbekannten tropischen Strand wiederfanden, machten sich Piraten natürlich nicht gleich daran, ihre Habseligkeiten einzugraben. Stattdessen gingen sie lieber auf die Jagd und veranstalteten anschließend einen Grillabend. Für diese Gesetzlosen war frisches Fleisch eine mehr als angenehme Abwechslung. Zu ihrem Glück ließen sich auf unbewohnten Inseln Fische und Vögel ziemlich leicht fangen. Auf einigen Inseln lebten große Herden von Schweinen oder Ziegen – die Nachkommen von Tieren, die frühere Besucher der Inseln freigelassen hatten. Auch Wasser war meist leicht zu finden, da es fast auf allen Inseln Quellen gab. Weil es in den Tropen viel regnet, mussten sich die Piraten ein Quartier suchen oder bauen.

Wenn sie Nahrung, Wasser und einen Unterschlupf gefunden hatten, machten sich die Piraten dann daran, ihren Schatz zu vergraben? Manche vielleicht.

Nach seinem Überfall auf die spanische Siedlung Nombre de Dios im Jahre 1572 vergrub Francis Drake seine Beute für kurze Zeit an der

▲ **Schatzhöhle:** Kapitän Kidd beaufsichtigt seine Männer, die einen Teil des Piratenschatzes in einer Höhle vergraben.

Bald befällt Hunger die Piraten. Doch sie suchen auf der ganzen Insel vergeblich nach Fischen und Obst. Alles, was sie finden, ist eine alte Schildkröte, die genauso wie das Leder ihrer Stiefel schmeckt.

Um ihren Schatz sicher zu verstecken, graben sie ein tiefes, breites Loch. Sie stellen die Kisten hinein, schaufeln es zu und klopfen sorgfältig die Erde fest. Niemand wird das Gold hier finden.

mittelamerikanischen Küste. William Kidd versteckte seinen Schatz tatsächlich auf einer Insel: es war Gardiner's Island an der Ostspitze der New Yorker Insel Long Island. Man schrieb das Jahr 1699 und Kidd war auf der Flucht. Er soll mehrmals auf der Insel gelandet sein und einen Teil seines Schatzes hier vergraben haben. Bevor er gehängt wurde, wurden Kostbarkeiten im Wert von 14 000 englischen Pfund gefunden; allerdings stellte dies nur einen kleinen Bruchteil seiner Beute dar, deren Gesamtwert sich auf 400 000 Pfund belief. Der übrige Schatz des Kapitän Kidd wurde nie gefunden. Ein Teil davon könnte immer noch auf Gardiner's Island versteckt sein. Liegt der Rest doch auf einer karibischen Insel vergraben? Gab es vielleicht einmal eine Karte, auf der das Versteck des Schatzes mit einem Kreuz markiert war? Wir werden es nie erfahren.

Leben eines Ausgesetzten

Der berühmteste Schiffbrüchige der Welt ist Robinson Crusoe, der Held eines 1719 veröffentlichten Romans des englischen Autors Daniel Defoe. Defoe beschreibt, wie Robinson Crusoe Schiffbruch erleidet, 24 Jahre auf einer einsamen Insel überlebt und schließlich gerettet wird.

Defoes Roman beruht auf der Lebensgeschichte des schottischen Seemanns Alexander Selkirk (1676–1721). Selkirk war auf einem Kaperschiff gefahren. Nach einem Streit mit den anderen Mannschaftsmitgliedern wurde er auf der Insel Mas a Tierra 640 km westlich von Chile in Südamerika ausgesetzt. Selkirk musste einen sehr starken Überlebensinstinkt besessen haben. Er lebte fünf Jahre auf der Insel, jagte wilde Ziegen und machte sich aus ihren Häuten Kleider. Als er 1709 gerettet wurde, sah er Furcht erregend aus: sein Bart und sein Haar waren sehr lang und er hatte beinahe das Sprechen verlernt.

Piratenjagd!

Die Piraterie entwickelte sich mit der Zeit von einem Ärgernis zu einer regelrechten Bedrohung der gesamten Schifffahrt und man begann, sie zu bekämpfen. Die englische Marine jagte 1718 Blackbeard. Die Piraten ahnten, dass ihr Goldenes Zeitalter bald enden würde.

Als 1713 der lange Krieg in Europa beendet war, verließen Tausende von Matrosen die Marine und schlossen sich Piraten an. Der Friede erschwerte aber auch das Leben der Piraten. Nun, da sie nicht mehr kämpfen mussten, wurde die britische Marine zur Polizei der Meere.

Einer der Ersten, dessen Verfolgung sie aufnahmen, war Blackbeard, aber bald waren sie hinter allen Piraten her. Ganze Geschwader schwer bewaffneter Schiffe kreuzten in den wichtigsten Revieren der Piraten: vor den Küsten der britischen Besitzungen in Amerika, in der Karibik, vor der Küste Ostafrikas und im Indischen Ozean.

Gleichzeitig ging man auch an Land verstärkt gegen die Piraten vor. Die schwerwiegendste Maßnahme war der Erlass des Pirateriegesetzes, das die Bestrafung von Piraten erleichterte. Anstatt für den Prozess nach England zurückgebracht werden zu müssen, konnten die Piraten am Ort der Ergreifung verurteilt und bestraft werden.

Das Gesetz versuchte auch, Matrosen davon abzuhalten, zu den Piraten überzulaufen, indem es Belohnungen für Seeleute einführte, die gegen Piraten Widerstand leisteten oder sie gar gefangen nahmen. Kapitäne von Handelsschiffen konnten eine Lizenz zur Verfolgung von Seeräubern erhalten.

Die verstärkten Bemühungen brachten raschen Erfolg. Die kleinen Schiffe der Piraten waren den gewaltigen schwimmenden Festungen der englischen Marine nicht gewachsen. Die Zahl nordamerikanischer Piraten ging zwischen 1720 und 1723 um die Hälfte zurück und 1726 waren nur noch 200 übrig. Auch die Zahl der Überfälle nahm rasch ab: von ungefähr 50 im Jahre 1718 auf nur 6 im Jahre 1726.

◂ **Keine Gnade:** Die britische Marine war im 18. Jh. fest entschlossen, der Piraterie ein Ende zu bereiten, und setzte ihre schnellsten Schiffe ein.

Schiff ahoi! Doch wie sieht seine Flagge aus? Rot, weiß und blau! Das ist ein britisches Schiff, das Jagd auf Piraten macht. Es segelt herbei und die Piraten sehen die vielen Geschütze. Zwar sind sie tapfer und verwegen, aber hier macht Widerstand keinen Sinn. Sie ergeben sich und lassen sich widerstandslos unter Deck bringen. Nun sind sie selbst zu Gefangenen geworden.

Blackbeards letztes Gefecht

Leutnant Robert Maynard stach 1718 mit 60 Männern in zwei Schaluppen in See, um Blackbeard zu jagen. Blackbeards Schaluppe, die Adventure, *lag in seichten Gewässern vor Ocracoke Island vor der Küste von Nord-Carolina vor Anker. Als Maynard im Morgengrauen angriff, schnitt Blackbeard das Ankerseil durch und versuchte zu entkommen. Da kein Wind blies, mussten seine Männer das Schiff rudern. Maynards Schiffe folgten, liefen jedoch auf Grund. Doch dann kam die Flut und die englischen Schiffe konnten sich der* Adventure *nähern.*

Als sie in Reichweite waren, feuerte Blackbeard seine Kanonen ab und tötete sechs Engländer. Daraufhin schickte Maynard seine Leute nach unten. Nur zwei blieben an Deck. Blackbeard lies sich überlisten und glaubte, seine Schüsse hätten alle getötet. Als die Schiffe längsseits standen, schickte er seine Männer auf das englische Schiff.

Die Marinesoldaten sprangen aus ihren Verstecken. Maynard und Blackbeard kämpften Mann gegen Mann. Fünf Kugeln trafen den Piratenkapitän und trotzdem kämpfte er weiter, bis ihn ein schottischer Matrose mit seinem Schwert am Hals verletzte. Der Pirat rief: »Gut getan, Junge!« und der Schotte antwortete: »Wenn es nicht gut getan ist, werde ich es besser machen«, und schlug Blackbeard mit seinem zweiten Schwerthieb den Kopf ab.

Nach dem Gefecht behielt Maynard den Kopf als Trophäe und ließ den Körper über Bord werfen. Angeblich trieb die Leiche zweimal um das Schiff, bevor sie unterging.

Bestrafung der Piraten

Für Piraten, die auf frischer Tat ertappt wurden, standen die Chancen schlecht. Wenn sie für schuldig befunden und zum Tode verurteilt wurden, hängte man sie in der Nähe des Meers.

Nur wenige Piraten wurden zu Lebzeiten berühmt, doch wenn einer von ihnen hingerichtet wurde, stand er einen Tag lang im Mittelpunkt, denn Hinrichtungen waren im 18. Jh. ein beliebtes Schauspiel.

Zuvor mussten die Piraten allerdings gefangen und vor Gericht gebracht werden. Bis 1700 musste jeder Pirat, der seine Verbrechen in Gewässern verübte, die von den Engländern kontrolliert wurden, in England abgeurteilt und hingerichtet werden. Das bedeutete, dass die Gefangenen mitunter über Tausende von Kilometern zu befördern waren. Ihrer Hinrichtung wohnten nur die Bürger von London bei. Es wäre natürlich besser gewesen, wenn man die Verbrecher dort bestrafen hätte, wo sie ihre Taten verübt hatten und wo andere Seeleute zusehen und überlegen konnten, ob es sich lohnte, selbst Pirat zu werden.

Fußfesseln: Kaum ein gefangener Pirat konnte fliehen.

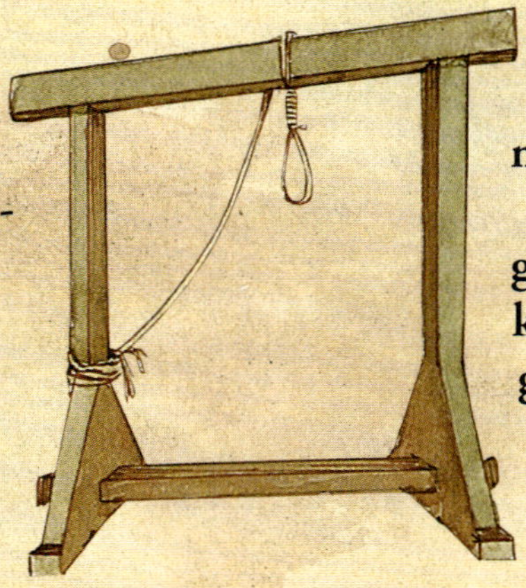

Galgen: Die meisten verurteilten Piraten des 17. und 18. Jh. wurden auf diese Weise hingerichtet.

Eine Gesetzesänderung machte dies schließlich möglich.

Die Verfahren gegen Piraten waren kurz und selten gerecht. Die meisten Piraten waren ungebildete Seeleute, die sich keinen Anwalt leisten, sich aber auch nicht selbst verteidigen konnten. Einige wenige wurden verschont, weil sie glaubhaft versicherten, dass man sie gezwungen hatte, Piraten zu werden.

Zur Abschreckung: Nach der Hinrichtung 1701 hing Kapitän Kidds Leiche in einem Eisenkäfig mehrere Jahre lang über der Themse.

Amnestie für Piraten

Anlässlich einer Amnestie wurden Piraten, die ihrem gesetzlosen Handwerk abschworen, ihre Verbrechen verziehen. Die bekannteste Amnestie war der Gnadenakt König Georgs I. im Jahre 1717. Er begnadigte Piraten, die sich den Gouverneuren der englischen Kolonien in Amerika und der Karibik ergaben. Nicht alle Gouverneure waren davon überzeugt, dass die Amnestie sinnvoll war. Einer von ihnen befand: »Ich sehe nicht, dass Seiner Majestät gnadenreiche Erklärung einen guten Einfluss auf sie hat, denn einige ergeben sich und lassen sich dies mit einer Urkunde bestätigen, und dann wenden sich etliche davon wieder dem alten Sport zu.«

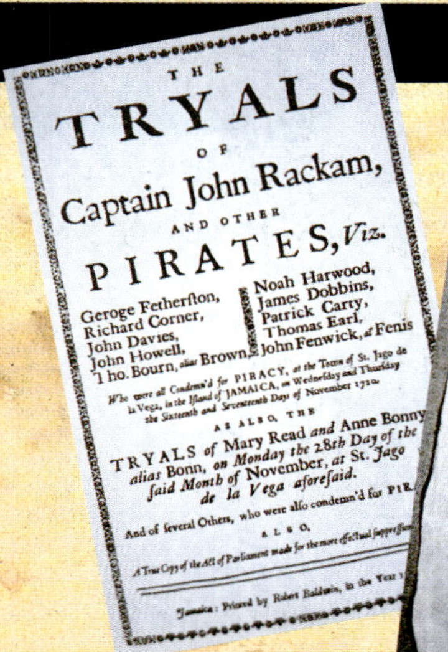

THE
TRYALS
OF
Captain John Rackam,
AND OTHER
PIRATES, *Viz.*

George Fetherston, Richard Corner, John Davies, John Howell, Tho. Bourn, *alias* Brown, Noah Harwood, James Dobbins, Patrick Carty, Thomas Earl, John Fenwick, *or* Fenis

Who were all Condemn'd for PIRACY, *at the Town of St. Jago de la Vega, in the Island of* JAMAICA, *on Wednesday and Thursday the Sixteenth and Seventeenth Days of November 1720.*

AS ALSO, THE

TRYALS *of* Mary Read *and* Anne Bonny *alias* Bonn, *on Monday the 28th Day of the said Month of* November, *at St. Jago de la Vega aforesaid.*

And of several Others, who were also condemn'd for PIR…

ALSO,

A True Copy of the Act of Parliament made for the more effectual suppress…

Jamaica: Printed by Robert Baldwin, in the Year 1…

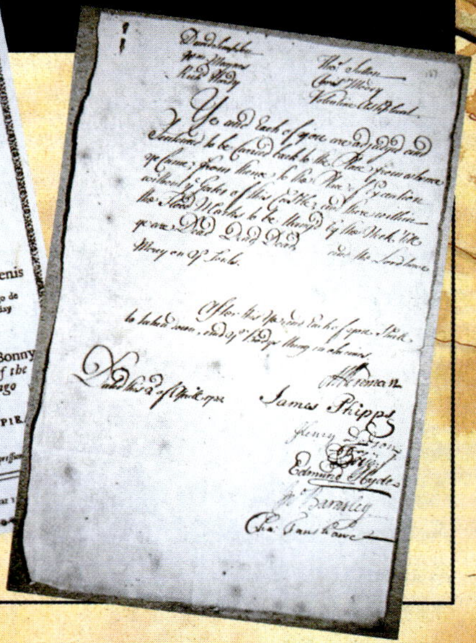

Wesentlich klüger stellten sich Mary Read und Anne Bonny an. Sie entgingen dem Galgen dadurch, dass sie erklärten, schwanger zu sein. Schuldig gesprochene Piraten wurden am Galgen aufgehängt. Um daran zu erinnern, dass Piraten ihre Verbrechen auf See verüben, stellte man die Galgen in der Nähe des Meeres auf.

Das Sterben am Galgen konnte langsam und qualvoll sein. Freunde versuchten mitunter die Leiden abzukürzen, indem sie sich an die Beine des Unglücklichen hängten. Die Strafe war mit dem Tod noch lange nicht vorbei: Die Leiche des Piraten wurde am Ufer so angekettet, dass die Flut dreimal darüber spülte. Dann wurde sie in einem Eisenkäfig aufgehängt. So konnten Freunde und Verwandte dem Toten kein anständiges Begräbnis geben und die verwesende Leiche wurde zusammengehalten, sodass sie sehr lange hängen und daran erinnern konnte, wie furchtbar Piraten bestraft wurden. Häufig wurden die Leichen, bevor sie in den Käfig kamen, mit Teer bestrichen, um ihre Haltbarkeit zu verlängern.

Durch ein Bullauge sieht der Kapitän einen Mann, den er einst gut gekannt hat, tot über der Kaimauer hängen, als Futter für die Krähen. Der Richter spricht alle Piraten schuldig.

Werden sie alle hängen, wie der Freund des Kapitäns? Aber nein! Der König begnadigt sie – und unsere Geschichte findet ein glückliches Ende.

REGISTER